DE L'ENSEIGNEMENT

DES

SOURDS-MUETS

PAR LA PAROLE

Mémoire

Présenté à l'Académie nationale de Savoie

Par J. THÉOBALD,

Ancien Professeur à l'école départementale des Sourds-Muets de Besançon,
membre de la Société d'Agriculture, Sciences et arts du Doubs ;
ancien professeur à l'Institution nationale de Chambéry,
actuellement attaché à l'Institut national
des Sourd-Muets de Paris.

PARIS

CHEZ L'AUTEUR, RUE SAINT-JACQUES, 254.

1874

DE

L'ENSEIGNEMENT

DES

SOURDS - MUETS

PAR LA PAROLE.

Moûtiers. — Imprimerie Marc Cane.

DE L'ENSEIGNEMENT

DES

SOURDS - MUETS

PAR LA PAROLE

Mémoire

Présenté à l'Académie nationale de Savoie

PAR J. THÉOBALD.

Ancien Professeur à l'école départementale des Sourds-Muets de Besançon ;
membre de la Société d'Agriculture, Sciences et arts du Doubs ;
ancien professeur à l'Institution nationale de Chambéry ;
actuellement attaché à l'institut national
des Sourd-Muets de Paris.

PARIS.

CHEZ L'AUTEUR, RUE SAINT-JACQUES, 254.

—

1874.

L'ENSEIGNEMENT DES SOURDS-MUETS

PAR LA PAROLE.

A Messieurs les membres de l'Académie nationale de Savoie.

Messieurs,

Au mois de novembre dernier, le bruit se répandit que l'on avait entrepris de rendre la parole à tous les jeunes élèves de l'Institution nationale des Sourds-Muets; cette nouvelle causa dans la ville une émotion assez vive : les uns, ignorant l'histoire de l'enseignement de ces déshérités de la nature, virent dans cette tentative une innovation admirable ; les autres, persuadés que rien n'est plus facile que de faire parler tous les muets et n'ayant jamais assisté à nos exercices publics où quelques élèves s'expriment de vive voix, se demandèrent pourquoi l'Ecole de Corinthe avait tardé à prendre l'initiative de cet enseignement.

Plusieurs personnes sachant que je suis sourd et m'entendant parler, me témoignèrent leur surprise et leur regret que tous mes frères d'infortune ne fussent pas encore en état de communiquer oralement avec leurs semblables.

Les commentaires sur ce sujet ont été si nombreux que je ne crois pas pouvoir me dispenser plus longtemps de donner quelques explications ; et c'est à l'Académie nationale de Savoie, à ce foyer intellectuel qui, rayonnant sur tout le pays, y entretient le culte de la science, l'amour des lettres et des arts, que j'ose m'adresser.

Je crains, Messieurs, que ce modeste mémoire ne soit une répétition de ce que vous connaissez déjà, car rien de ce qui touche à l'amélioration physique et morale de l'homme ne vous est étranger ; mais j'espère que mes explications franchiront cette enceinte et modifieront les idées que l'on se fait sur la possibilité de rendre la parole aux jeunes gens dépourvus de ce moyen d'exprimer leurs pensées.

I.

Le sourd-muet a toujours eu le privilége d'exciter l'intérêt ; son infirmité, que rien dans sa personne ne décèle, présente les apparences d'un phénomène mystérieux. Les efforts tentés jusqu'à ce jour dans le but de lui faire recouvrer l'ouïe, sont demeurés impuissants. Privé de la précieuse faculté d'entretenir des relations avec ses semblables, le développement de l'intelligence n'a pas lieu chez lui comme chez les autres enfants ; ce n'est que par un travail persévérant et un mode d'éducation spécial qu'il peut pénétrer dans le domaine de nos connaissances.

Pour lui inculquer ces connaissances, nous employons divers procédés qui reposent sur trois principes : l'intuition, l'imitation, l'analogie. Comme moyens d'action, nous avons pour les enfants sourds de naissance, l'écriture et le langage des signes, auxquels nous ajoutons la parole artificielle pour ceux chez qui la perception auditive n'est pas entièrement anéantie ou qui ont entendu et parlé dans leur jeune âge.

Ces derniers ne sont pas en aussi grand nombre qu'on le suppose et qu'on serait en droit de l'espérer si les remarques physiologiques suivantes étaient exactes : « Les pièces composant l'appareil auditif n'ont qu'un but, celui de faciliter la perception des sons, de les multiplier par résonnance, d'en accroître la netteté et l'intensité absolue ; elles peuvent toutes manquer sans que l'homme soit privé de la faculté d'entendre. »

S'il en était ainsi, nous pourrions tirer cette conclusions que tant que le nerf acoustique est intact l'ouïe persiste ; en d'autres termes, que la peau du visage, les muscles ainsi que les nerfs faciaux et maxillaires remplissent à l'égard du nerf auditif les mêmes fonctions que les organes de l'ouïe.

A la vérité tous les sourds-muets perçoivent fort bien les bruits par le sens tactile ; mais de là à distinguer les ondes sonores les plus diversifiées et dans leur ordre d'émission, il y a une distance que la plupart ne franchissent jamais ; la voix humaine, avec ses différentes modulations et les pensées qu'elle exprime, n'arrive point au nerf spécial ou n'y arrive que confusément et comme une sorte de bourdonnement. Prétendre le contraire serait une hérésie, car tous les nerfs ne peuvent recevoir le son et transmettre intégralement la sensation du son avec les idées contenues dans la phrase vocale.

C'est cependant sur cette remarque que les nerfs de sensibilité générale sont susceptibles d'être impressionnés par les mouvements vibratoires des corps et après mille tentatives stériles de guérison, que l'on voulut améliorer ce qui reste d'ouïe chez l'enfant incomplètement sourd.

Ici la science médicale dut s'associer la science pédagogique, la sensibilité auditive étant intimement liée à l'activité mentale:

Devenus instituteurs, ceux qui avaient entrepris cette guérison tirèrent parti des organes vocaux et enseignèrent à leurs élèves l'émission des voyelles, l'articulation des syllabes, puis des mots et enfin des phrases. A ceux chez qui la perception auditive était trop faible, ils apprirent à deviner la parole au mouvement des lèvres. Chaque maître avait deux ou trois élèves. Nul ne songeait encore à former école et à vulgariser cet enseignement. Avec le maître disparaissait l'art; ses écrits sur cette matière étaient relégués dans l'oubli au fond de quelque bibliothèque.

Tels furent Pedro de Ponce, moine espagnol, mort en 1585; Jean-Paul Bonnet, prêtre de la même nation, qui publia un ouvrage en 1620; Jean Bulwer et le docteur Wallis, sujets anglais, qui firent paraître, le premier en 1648 et le second en 1653 de curieux traités sur l'art d'instruire les sourds-muets; Conrad Amman, médecin suisse, qui composa en 1692 une méthode d'enseignement de la langue au moyen de l'articulation; enfin Rodriguez Péreire, sujet espagnol, contemporain de l'abbé de l'Epée. Péreire présenta à l'Académie française plusieurs sourds-muets qu'il avait instruits lui-même; mais, blessé de l'indifférence du gouvernement, il ne fit point connaître ses procédés et emporta son secret dans la tombe.

Lorsque l'abbé de l'Epée commença l'œuvre de la régénération des sourds-muets, il n'ignorait ni les travaux ni les résultats obtenus par ses devanciers; ce qui le prouve, c'est qu'il enseigna à lire le latin, l'italien et le français à quelques-uns des enfants qu'il avait recueillis chez lui. Il ne se proposa pas seulement de doter le sourd-muet d'un instrument de communication; il voulait encore enrichir son esprit des connaissances communes à tous les hommes. L'articulation, comme moyen de développement intellectuel ne lui parut pas suffisante; il préféra le langage des signes que le sourd-muet acquiert de lui-même; il l'apprit de ses élèves et le perfectionna dans un certain sens.

Partant de ce principe erroné que l'ouïe est indispensable à l'acquisition des idées et que, sans la parole, l'homme ne peut penser, les premiers instituteurs allemands dirigèrent tous leurs efforts vers l'articulation et la lecture sur les lèvres. Méconnaissant les ressources précieuses du langage naturel des signes, langue universelle fondée sur l'imitation des formes et des actes de l'objet de la pensée; en d'autres termes, sur la définition du mot qui rappelle l'idée; n'admettant pas que le signe pût suppléer l'harmonie des sons et s'adresser à l'imagination aussi bien que le mot parlé, les instituteurs allemands prétendirent que pour éclairer l'intelligence du sourd-muet, pour éveiller la pensée en lui, il était indispensable qu'il parlât, c'est-à-dire qu'il émit des sons se rapprochant de la parole humaine.

Voilà, Messieurs, l'origine des deux méthodes de l'enseignement des sourds-muets dont les premières écoles furent établies simultanément, en France par l'abbé de l'Epée, et en Allemagne par Samuel Heinicke.

Instituteur français, notre intention n'est nullement de nous ériger ici en juge des deux méthodes ; mais il nous sera bien permis d'exposer nos idées sur la parole artificielle et sur l'enseignement par cette même parole, système que l'on nous a proposé d'adopter pour base de l'éducation de nos élèves et que des hommes étrangers à la France voudraient nous faire imposer par l'administration supérieure.

Ce n'est point par esprit de parti que nous repoussons ces propositions : Ailleurs nous avons rendu publiquement hommage aux instituteurs qui s'efforcent de faire parler quelques-uns de leurs élèves (1) ; personne plus que nous n'est à même d'apprécier les avantages que l'articulation a pour les rares sujets capables d'en profiter ; car en perdant l'ouïe, nous avons conservé l'usage de la parole. Mais abandonner la méthode française qui, de l'aveu même de ses adversaires, donne des résultats égaux, sinon supérieurs, à ceux de la méthode allemande, dans le but de pourvoir tous les sourds-muets d'un instrument que la plupart perdront à leur sortie de l'école, nous semble chose

----

(1) De l'enseignement de l'*Histoire sainte* et de ses rapports avec l'enseignement de la langue par J. Th. — 1870.

si grave qu'avant d'en assumer la responsabilité, nous voulons réfléchir et discuter.

II.

De nos jours, encore, le vulgaire regarde avec une naïve surprise le sourd auquel on a appris à articuler. Jamais il ne songe aux efforts que cet infortuné a dû faire pour arriver à produire ces sons qui n'ont d'analogie avec aucune des langues parlées sur toute la surface de la terre. Et naturellement vient cette question : Si l'on en fait parler un, pourquoi ne pas les faire tous parler ?

Sans doute, un grand nombre de sourds-muets sont capables d'émettre des sons articulés, de prononcer des syllabes et même des mots de plusieurs syllabes ; mais s'en suit-il que tous, sans en excepter aucun, comme l'assurent les partisans de la méthode allemande, parviennent à parler ? Le bon sens répugne à une pareille affirmation.

« La parole humaine, dit M. Puybonnieux (1) ne se compose pas seulement de la combinaison d'un certain nombre de sons juxtaposés ; il y a dans la voix une harmonie naturelle qui ne s'acquiert pas et qui, surtout, ne s'enseigne pas ; l'ouïe est le régulateur des intonations qui la produisent et là où cet organe ne fonctionne pas, il ne reste que des sons irréguliers, sans force, sans expression. ».

Selon lui, parler, c'est reproduire la parole humaine

---

(1) L'un des professeurs de l'Institut national de Paris, chargé du cours d'articulation. Décédé en 1868.

d'une manière satisfaisante ; ce n'est pas proférer ces cris rauques qui impressionnent si tristement ceux qui les entendent pour la première fois. Or, pour que la parole du sourd soit satisfaisante, il lui faut une chose capitale ; il lui faut l'ouïe ou tout au moins le souvenir de la voix humaine, car il ne s'entend pas parler lui-même.

Pour rectifier le défaut de prononciation, dit-il encore, l'*entendant* a le sentiment du rhythme ; mais le sourd de naissance, qu'a-t-il pour apprendre à combiner les sons et surtout pour les lier ensemble afin de produire une parole claire et intelligible ? — Le sentiment du rhythme lui manque ; il ne l'acquiert jamais.

Toutefois admettons que, par des exercices répétés, on puisse habituer l'enfant à mettre une certaine cadence dans l'expression vocale. Tant qu'il sera sous les yeux du maître, ce talent factice se maintiendra ; mais au sortir de l'école, il fléchira graduellement comme fléchissent certaines plantes quand on supprime le tuteur. D'abord la parole sera brusque ; elle sortira de l'organe par saccades ; puis manquera d'accentuation, deviendra traînante, monotone et pénible, enfin elle se perdra complétement.

On objectera que l'enfant instruit par la méthode française peut également perdre la mémoire de ce qu'il a appris sur les bancs de l'école au point d'être hors d'état de former correctement une phrase. Ceci est incontestable ; mais avec de la bonne volonté, n'est-il pas en mesure de rapprendre ce qu'il a oublié ? — Il trouve à sa portée tout ce qui lui est nécessaire, ses cahiers, ses livres ; n'est-ce pas ce que nous faisons nous-mêmes chaque jour ?

Le sourd-parlant, lui, qu'a-t-il pour rectifier en l'absence du maître, sa prononciation devenue vicieuse au point d'être incompréhensible? Existe-t-il une sorte d'écriture phonétique, c'est-à-dire représentant la disposition des organes vocaux en mouvement ? — Non ; mais, nous dit-on, son entourage suppléera à tout ; on le reprendra quand il parlera mal et même on perfectionnera sa manière de prononcer. Cet argument ne nous satisfait que fort peu ; il ne dissipe pas nos craintes ; combien de personnes dans l'entourage du sourd-parlant auront la patience et sauront lui apprendre ce qu'ignorait M. Jourdain, le bourgeois gentilhomme ?

La parole qui s'adresse uniquement aux yeux peut être comparée à une fleur délicate placée entre les mains d'un aveugle. Celui-ci en respire le parfum et, jusqu'à un certain point, par le toucher, en apprécie la forme ; mais les gracieux détails de couleur, la délicatesse des nuances échappent à son attention. Néanmoins les sensations seront durables, car elles ont été perçues par les sens mêmes destinés à cet usage : à l'avenir, l'aveugle distinguera parfaitement la violette de la primevère, la rose de la pivoine.

Les lèvres remuées de telle ou telle manière feront-elles autant d'impression sur le sourd que la fleur en fait sur l'aveugle, alors surtout que la voix s'adresse à la vue au lieu de s'adresser à l'ouïe ? Non ; l'expression vocale ne sera comprise qu'à moitié, et encore faudra-t-il que celui qui entend par les yeux y mette beaucoup de bonne volonté. Le jeu des organes producteurs des sons n'étant pas entièrement visible, le sourd lisant la parole sur les lèvres confondra *râteau* avec *radeau*, *mondé* avec *montre*;

quand on lui dira : *Madame est belle ;* il répétera : *Madame est bête.* Cela s'est vu et j'en passe bien d'autres.

« Que de fois n'étant pas averti par l'oreille, n'étant servi que par l'œil, il se trouvera dans des perplexités pénibles, dans une sorte de *dysphonie intellectuelle* d'où il ne pourra sortir ! que de confusions regrettables il commettra ! confusion de mots et de sens entraînant un trouble complet dans l'esprit. Ces inconvénients que nous prévoyons et qui sont naturels seraient bien plus grands encore et plus préjudiciables si on commençait l'enseignement de l'articulation dès l'arrivée du jeune sourd-muet dans l'école » (1).

En outre les sons articulés ne trouvant pas d'écho dans l'esprit de celui qui n'a jamais entendu et qui ne s'entend point parler lui-même ; ne fixeront pas aussi bien que le signe les idées dont ils ne sont que la reproduction conventionnelle. Le signe, au contraire qui est la représentation même des choses de la pensée et non des mots arbitraires qui servent à l'exprimer, les fixera sans la moindre difficulté.

« La parole, dit M. Valade-Gabel, n'excite pas suffisamment l'attention du sourd-muet ; n'a pour lui rien de naturel, rien d'instinctif, rien de sympathique ; elle ne saurait l'impressionner lors même qu'il prononce nettement comme elle nous impressionne ; c'est une parole sans couleur, sans vie : l'identité, la force et la netteté des

---

(1) M. Colombat, professeur d'orthophonie à l'Institution nationale de Paris.

sensations qu'elle occasionne chez l'entendant n'existent pas chez le sourd-muet ; la facilité, la sûreté et la rapidité de perception qui en sont la conséquence lui font également défaut. »

A ces remarques de l'un des vétérans de l'enseignement des sourds-muets en France et actuellement inspecteur des écoles départementales, nous ajouterons l'opinion de M. Franck, de l'Institut : Il faut, dit-il, chez le sourd de naissance, quand on veut lui enseigner la parole, créer de toutes pièces une faculté nouvelle, un instrument nouveau. Et quel instrument ! — Celui dont il ne perçoit jamais et par conséquent dont il ne peut régler ni mesurer les effets ; celui qu'il n'est jamais sûr, pour cette raison, d'employer d'une manière conforme à sa destination, car il n'entend pas plus sa propre voix que celle de ses semblables, et ne sait pas même ce qu'est une voix. Il n'a conscience que des mouvements mécaniques des organes qui la produisent. Aussi rien de plus étrange, pour ne rien dire de plus et qui soit de nature à blesser des malheureux dignes de pitié, que les sons qui s'échappent de sa bouche. Ce sont bien, si l'on veut, des sons articulés ; ils ressemblent aux mots dont se composent nos langues, mais on ne se figure pas qu'ils puissent sortir d'une poitrine humaine. A la difficulté de les reconnaître et d'en saisir le sens, vient se joindre le spectacle presque douloureux des efforts musculaires, des contractions violentes qui les accompagnent ordinairement. »

III.

Il n'en est pas ainsi lorsque l'élève n'est sourd qu'à moitié ou bien lorsqu'il a entendu et parlé jusqu'à l'âge de sept ans au moins. Dans ce cas l'enseignement par l'articulation est possible et utile : possible, en ce que toute expression soit vocale, soit écrite se reproduit dans l'esprit de l'enfant avec une certaine résonnance qui, peu à peu, le porte à penser comme nous avec des paroles ; utile, en ce qu'il facilite la mémoire des mots par le souvenir du son et le met en état de se faire comprendre de vive voix sans l'exposer, comme le sourd de naissance, à des méprises dont les suites sont parfois très-sensibles à son amour-propre.

Mais combien y a-t-il de sourds-muets qui réunissent les conditions désirables pour profiter d'une manière avantageuse de cet enseignement ? Le nombre en est malheureusement très-restreint.

Voilà pourquoi, en France, les esprits les plus éclairés et les plus expérimentés, l'abbé de l'Epée, l'abbé Sicard, Bébian, de Gérando, Morel, Valade-Gabel, Piroux, Puybonnieux, l'abbé Chazotte et tant d'autres, tout en admettant l'articulation comme l'une des branches de la pédagogie, l'ont constamment repoussée comme base de l'éducation.

« La méthode allemande ne répare pas assez sûrement ni assez complétement l'infirmité , malgré les bonnes intentions de ses partisans. Son erreur est, au fond, de trop compter avec l'art et pas assez avec la nature » (1).

« Faire de l'articulation la base de l'éducation des sourds-muets et la regarder comme l'unique instrument d'acquisition d'idées, c'est méconnaître les lois psychologiques et se condamner à un insuccès inévitable. » (2).

« Quiconque, dit M. Valade-Gabel, pénètre dans les établissements de sourds exclusivement instruits par la parole, est à même de reconnaître l'extrême faiblesse des résultats obtenus sur les sujets autres que les demi-sourds et les enfants ayant entendu et parlé jusqu'à un certain âge. La parole morte est un moyen de communication radicalement mauvais , en tant qu'instrument destiné à la première culture des facultés et à l'acquisition des idées ».

L'enseignement de tous les sourds-muets par la parole artificielle aurait des conséquences bien graves; car si l'on voulait entreprendre cette éducation, il faudrait nécessairement faire une classe à part pour les sujets reconnus incapables d'y participer. Bientôt ceux-ci seraient en majorité et les professeurs d'articulation , s'ils ne voulaient ou ne pouvaient employer les procédés de la méthode française basée sur l'écriture, l'intuition des faits et le langage des signes, ne sauraient obtenir aucun progrès sérieux. Ils se verraient forcés d'éliminer de l'école avec la qualification d'arriérés ou d'idiots la plupart de leurs élèves ; condam-

---

(1) M. Piroux, directeur et fondateur de l'école de Nancy.
(2) M. Colombat.

nant ainsi des centaines d'êtres doués de raison à une existence sans but, à l'ignorance perpétuelle des vérités morales et religieuses.

C'est ce qui a été fait durant près d'un siècle dans les pays où les écoles fondaient leur enseignement sur le système phonique à l'exclusion du langage des signes.

IV.

Actuellement, hâtons-nous de le dire, une heureuse transformation s'est opérée dans ces écoles ; la plupart, sans toucher aux bases fondamentales de leur méthode, en sont arrivées à adopter la mimique comme l'un des moyens de communication les plus utiles pour les premiers développements de l'intelligence. Nous citerons, entre autres, l'école de Rotterdam, en Hollande, où, nous assure-t-on, l'on obtient d'excellents résultats au moyen de la méthode phonique. La mimique y est employée sous le nom de *langage des gestes naturels* ; les signes réputés conventionnels y sont rigoureusement proscrits, comme nous l'avons remarqué dans son programme d'enseignement.

Cette proscription nous semble puérile ; elle tend à prouver que les auteurs de ce programme connaissent peu ou ne connaissent point le véritable langage des signes ; car tout signe réputé naturel peut devenir conventionnel en l'abrégeant, ce que font presque toujours les sourds-muets, ou en modifiant le jeu de la physionomie qui doit l'accompagner, et la plupart des signes conventionnels, en les analysant, redeviennent signes naturels.

D'ailleurs, après avoir ouvert la porte au langage naturel, comment fera-t-on, je ne dis pas pour le circonscrire, ce qui est impossible, mais simplement pour lui conserver sa pureté ?

La nécessité d'un signe quelconque pour rendre une idée ou pour distinguer l'un de l'autre deux objets à peu près semblables sera tellement impérieuse que le geste proscrit surgira, mais dépourvu de cette grâce, de cette perfection qu'un long usage lui a donné chez nous, et sera admis par les élèves, malgré le maître. Celui-ci, coûte que coûte, suivra le courant. Vouloir l'arrêter serait aller contre les desseins de la Providence ; car, on l'a répété cent fois, *tant qu'ils n'auront pas recouvré l'ouïe, les sourds-muets feront indistinctement des signes naturels et des signes conventionnels, telle est la volonté de Dieu.*

Nous aimons à croire que les auteurs du programme de Rotterdam entendent parler des signes méthodiques imposés aux sourds-muets dans quelques écoles par des maîtres encore inexpérimentés. Pourtant ces signes méthodiques, calqués sur les règles de la syntaxe de la langue parlée et la plupart s'exécutant au moyen de la lettre initiale du mot même qu'ils veulent exprimer, sembleraient devoir faciliter l'enseignement de la parole artificielle, mieux que le signe ou geste naturel. Celui-ci, en effet, se traduit par inversion, tandis que l'autre, se traduisant littéralement, aiderait à l'expression des idées par la parole, le sourd-muet de naissance pensant par signes.

Nos confrères de Rotterdam n'auraient-ils pas interverti les dénominations de ces deux sortes de signes ? — Les anciens signes de l'école française s'associant d'une manière si naturelle aux règles grammaticales, ne seraient-ils point désignés chez eux sous le nom de *gestes naturels*, et les véritables gestes naturels, ceux compris sans conventions préalables de tous les sourds-muets ne seraient-ils pas considérés comme *signes conventionnels* par cette raison que pour les traduire, l'inversion est de rigueur ?

En France, on s'est occupé surtout de perfectionner les méthodes. Loin de rejeter de parti pris, la parole artificielle, on l'enseigne aux élèves qui possèdent les aptitudes voulues ; mais elle n'y est point adoptée comme fondement de l'éducation, malgré les tentatives faites dans ce but depuis 1832. Les résultats obtenus sur les sourds de naissance ont été presque nuls ; les essais ayant pour but de substituer la méthode allemande à la méthode française, dans l'école de Paris, se sont vus condammés par l'expérience.

Mais enfin, dit M. Hirsch, directeur de l'école de Rotterdam, ne vaut-il pas mieux que les sourds-muets, plutôt que de ne pas parler du tout, sachent prononcer quelques mots, quand même la voix serait fatigante, monotone, indistincte et désagréable ?

Nous nous rangeons volontiers à son avis, mais à la condition que l'on ne fera pas prédominer l'articulation là où il est reconnu que les résultats ne peuvent être qu'insignifiants. Ce que nous désapprouvons, ce n'est point l'enseignement de la parole elle-même, c'est la prétention d'en faire le pivot de l'éducation de tous les sourds-muets sans exception, lorsqu'il est avéré qu'elle n'a aucune efficacité pour la majeure partie de ces enfants et que plus tard ils retomberont dans ce même état d'isolement auquel on s'était proposé de les soustraire.

La plupart des élèves pourvus de ce moyen de communication y renoncent très-vite à leur entrée dans le monde; et ce n'est point uniquement par suite de l'amour-propre froissé à la vue des sourires, de l'air étonné ou rempli de commisération de leurs interlocuteurs, qu'ils désapprennent la parole artificielle ; c'est aussi parce que neuf fois sur dix, ils ne peuvent se faire comprendre à l'aide de ce langage qui n'a rien de commun avec la véritable parole.

V.

Telles sont, Messieurs, les considérations que nous suggère l'examen de l'enseignement phonique donné à tous les sourds-muets sans exception. Il nous est fort pénible de porter atteinte à des convictions respectables, alors qu'elles ont en vue le bien d'une partie de l'humanité souffrante ; mais le respect de la vérité nous impose le devoir de ne point entretenir chez les parents de nos jeunes élèves une illusion qui ferait bientôt place à la déception et serait un sujet de récrimination contre nous. Ne promettre que ce que nous pouvons tenir est notre règle ; aller plus loin, serait le fait d'un empirique ou d'un insensé.

Pourra-t-on jamais conjurer les causes ou supprimer les conséquences de la surdité? La science médicale n'a pas encore dit son dernier mot. Qui sait ?....... Peut-être dans l'avenir guérira-t-on cette infirmité comme on guérit aujourd'hui certaines maladies autrefois déclarées incurables. Cette espérance, dût-elle ne se réaliser jamais, conservons-la ; elle nous console, elle sèche les larmes que répand la mère sur son enfant condamné au silence éternel.

Mais ne compromettons point par un zèle inconsidéré l'avenir de cet enfant si digne d'intérêt; car quoi que nous fassions, le sourd de naissance ne possédera jamais la véritable parole ; cette parole dont les accents, dit M. de Gérando, se modulent sur l'infinie variété des dispositions de celui qui parle, qui suivent tous les mouvements de l'esprit et du cœur, qui émeuvent, attendrissent, encouragent, créent d'inépuisables rêveries et répandent sur l'expression des idées un charme qui les fait accueillir comme une sorte de révélation supérieure.

N'oublions point ce sage conseil de nos prédécesseurs dans l'enseignement ; « Nous avons pour mission de faire entrer les enfants privés de l'ouïe dans le monde intellectuel, moral et religieux par les moyens les plus convenables et les plus à leur portée. » — La méthode allemande est-elle celui que nous devons préférer ? — Oui, pour les sourds-muets ayant conservé la mémoire du son ; non pour la majeure partie de ces infortunés. Eh bien ! ne germanisons donc point notre enseignement. Gardons-nous de déprécier l'œuvre sublime du saint prêtre français au profit de ces étrangers qui, prétendant nous donner l'exemple de l'amour de l'humanité, n'ont fait que couvrir notre belle patrie de sang et de ruines.